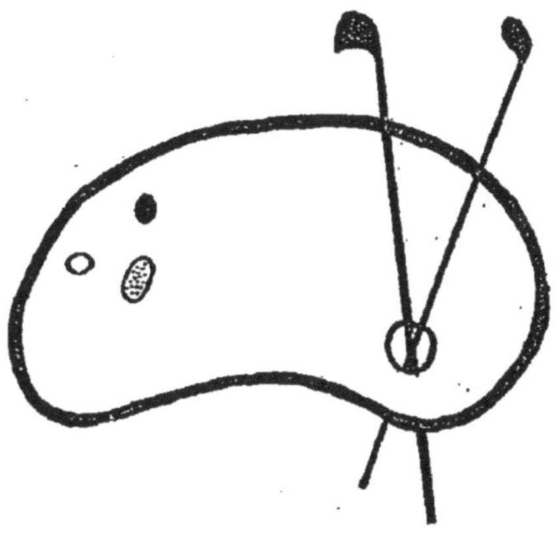

DEBUT D'UNE SERIE DE DOCUMENTS
EN COULEUR

LES PRINCIPAUX

PORTRAITS DE BOSSUET

ESSAI D'ICONOGRAPHIE

PAR

EUGÈNE GRISELLE, S. J.

PARIS

IMPRIMERIE DE D. DUMOULIN ET Cⁱᵉ

5, RUE DES GRANDS-AUGUSTINS, 5

1898

Tous droits de reproduction et de traduction réservés

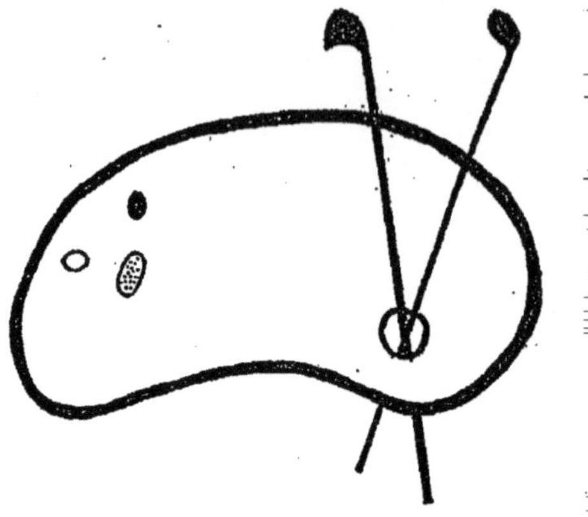

FIN D'UNE SERIE DE DOCUMENTS
EN COULEUR

LES PRINCIPAUX

PORTRAITS DE BOSSUET

LES PRINCIPAUX

PORTRAITS DE BOSSUET

ESSAI D'ICONOGRAPHIE

PAR

EUGÈNE GRISELLE, S. J.

PARIS

IMPRIMERIE DE D. DUMOULIN ET Cⁱᵉ

5, RUE DES GRANDS-AUGUSTINS, 5

1898

A PROPOS

DU

MONUMENT DE BOSSUET

A l'heure où l'on s'occupe d'ériger à Bossuet, dans la cathédrale de Meaux, un monument digne de lui[1], il ne sera pas déplacé d'attirer l'attention sur l'*Iconographie* de cette grande figure. Aucun des ouvrages écrits sur Bossuet ne paraît avoir étudié *ex professo* ses nombreux et très divers portraits. Jadis peut-être on se fût contenté de lire ses œuvres, — du moins, certains le prétendent, — sans même, disent-ils, regarder ces minuties auxquelles sa gloire ne doit gagner aucun rayon. Mais plus curieux que leurs ancêtres, nos contemporains s'attardent volontiers à tout ce qui intéresse, fût-ce de très loin, l'histoire et la vie intime des grands hommes, et plusieurs se posent, paraît-il, cette oiseuse et sans doute insoluble question : Quel est le meilleur portrait de Bossuet ?

Le meilleur portrait — car il ne s'agit point ici de critique d'art, — ne doit point se juger, sans égard au témoignage de ceux qui connurent le modèle, d'après les seuls mérites du dessin ou du coloris ; mais ce sera au contraire celui qui nous garde avec le plus de fidélité, sinon de réalisme, les traits et la physionomie vraie du personnage. En ce sens, quelle est parmi les images de Bossuet que le ciseau, le pinceau ou le burin ont, pour ainsi dire,

---

1. Dans une lettre magistrale, Mgr de Briey, évêque de Meaux, a fait appel, non seulement à ses prêtres et à ses diocésains, mais, comme il convenait, aux pasteurs et aux fidèles de tous les diocèses de France, pour faire élever, en 1904, second centenaire de la mort de Bossuet, un monument en son honneur dans la cathédrale de Meaux. Il est juste, en effet, qu'en un siècle où les statues sont prodiguées et profanées aux mémoires les plus discutables, un chef-d'œuvre d'architecture soit consacré enfin au souvenir de Bossuet et atteste que notre pays n'oublie point ses noms vraiment glorieux. — Une Commission, que préside S. Ém. le cardinal Perraud, évêque d'Autun, et à laquelle M. le chanoine Allègre consacre une part de son vaste et actif esprit d'initiative, assure le succès de ce projet national. — Voir la brochure de M. G. Fiston : *A propos du monument de Bossuet*. Meaux, A. Roussel, 1897. In-8, pp. 30.

consacrées, celle qui nous donne de lui l'idée la plus exacte,
c'est une question qu'il est malaisé de trancher à deux siècles de
distance, mais qu'il est permis au moins de se poser.

I

Il faudrait, pour entreprendre sur cette matière un travail de
quelque valeur, une préparation technique et une compétence
spéciale. De sa nature, l'*Iconographie* de Bossuet doit être
l'œuvre d'un *professionnel*. Espérons que quelqu'un se laissera
tenter par le sujet. Ces pages d'un profane ont un but plus
modeste. Elles ambitionnent tout au plus le rôle de la verge de
coudrier, à l'aide de laquelle autrefois les découvreurs de
sources, plus ou moins sorciers dans l'opinion de leurs contemporains, désignaient la place où il fallait creuser. Au risque de
déceptions ou de déboires, tout le travail restait à faire après que
la baguette avait marqué l'endroit présumé favorable. Puisse
mon indication n'être ni décevante, ni déçue !

Il ne sera pas besoin d'ailleurs de fouiller bien longtemps
pour rencontrer les principaux éléments de cette iconographie.
On les trouvera, réunis à peu près au complet, dans le Cabinet
des Estampes, à la Bibliothèque nationale[1]. Mon travail tout
matériel se borne donc à signaler les gravures les plus intéres-
santes, sinon dans l'ordre un peu capricieux où sont groupés, au
hasard de l'acquisition peut-être, les portraits de Bossuet dans
les recueils alphabétiques, du moins sans autre arrangement
qu'un semblant de chronologie[2].

Assigner des rangs de mérite n'est pas dans mon rôle ; établir
une *succession rigoureuse de dates* supposerait des recherches
difficiles à faire sur l'apparition de chacune des gravures. Il

---

1. Deux albums, de formats divers et d'importance inégale, renferment la
collection des portraits de Bossuet conservés au Cabinet des Estampes.
Dans le grand in-4 (N. 2), qui contient les plus nombreux portraits, la série
s'ouvre par le portrait de l'artiste François-Antoine Bossuet, né en 1798, et
se clôt par celui de l'abbé Bossuet, curé de Saint-Louis-en-l'Isle, mort à
Paris, le 29 octobre 1888. Celui-ci, qui fut un collectionneur distingué,
serait-il l'auteur même de cette collection ? C'est une conjecture assez pro-
bable.

2. Les dates, différentes souvent d'après les dictionnaires de biblio-
graphie, ont été empruntées, pour la plupart, au *Manuel de l'Amateur
d'estampes*, de Le Blanc (1854-1888).

faudra donc qu'on pardonne à ces simples indications d'être
disposées suivant une chronologie assez large, d'après la série
des portraits exécutés du vivant de Bossuet.

Pierre MIGNARD est probablement le premier en date, par qui
Bossuet se soit fait peindre. Le jeune évêque de Condom, très
peu de temps peut-être après sa nomination (1669[1]), est représenté de trois quarts, vu par la gauche, calotte en tête, les cheveux tombant un peu sur le front, moustache naissante, légèrement
hérissée et petite mouche. Il porte, sur un camail assez simple,
le rabat couvrant presque en entier le ruban de sa croix pectorale
tout unie. Il a un air avenant et presque candide.

On trouve, au premier volume des *Œuvres oratoires* de
Bossuet, de l'édition Lebarq, une reproduction gravée par
H. Manesse, du tableau qui est conservé au grand séminaire de
Meaux dans l'antichambre de M. le Supérieur[2].

L'épreuve photographique, prise sur l'original, qu'on voit
dans l'album du Cabinet des Estampes, indiquerait que le tableau
a été maltraité par le temps et très écaillé.

La photographie est rapprochée d'une gravure en grand
médaillon d'après Mignard, épreuve avant la lettre, non signée.

Une autre gravure, d'Étienne Gantrel[3] porte cette inscription :
Serenissimi Delphini præceptor Jacobus Benignus Condomensis,
avec les armes de Bossuet. *S.* [Stephanus] *Gantrel sculpsit.*
1678.

On a du même Gantrel le portrait du neveu de Bossuet, en
jeune abbé, élégamment vêtu, portant une très voyante ceinture
de moire, au nœud fort étudié.

L'inscription : *Jacobus Benignus Bossuetius, Abbas Saviniaci.
Gantrel fec.* daterait la peinture. Bossuet parle, en effet, dans
une lettre du 26 décembre 1691 à Mme d'Albert[4], de la

---

1. Les bulles furent données à Rome par Clément X, le 2 juin 1669, et
Hugues Jannon, fondé de pouvoir de Bossuet, prit possession, en son nom,
le 9 novembre. — V. Floquet, *Études sur Bossuet*, t. III, p. 435.

2. Je tiens à remercier M. Caussanel, prêtre de la Mission, supérieur du
grand séminaire de Meaux, du cordial accueil que j'ai toujours rencontré
dans sa maison. Que l'obligeant et savant bibliothécaire du séminaire, M. le
chanoine Denis, agrée aussi le témoignage de ma reconnaissance.

3. Né en 1640. On ne donne pas la date de sa mort, certainement posté-
rieure à 1691.

4. Voir *Études*, 5 juin 1898, p. 621.

récente nomination de son neveu à cette abbaye. Dangeau la signale aussi dans son Journal [1]. Or le portrait doit être de bien peu postérieur à la faveur royale, si même il n'est pas destiné à en consacrer le souvenir. Revenons à l'évêque de Meaux.

Mignard eut-il occasion de faire quelque autre portrait de Bossuet ? Bien qu'aucune donnée positive ne nous reste, cette *récidive* n'aurait rien d'étrange; car une lettre de Bossuet, écrite de Versailles à Mignard, sur la nouvelle qui, d'ailleurs, se trouva fausse, de la mort de sa fille, indiquait entre le précepteur du Dauphin et le peintre du roi, plus que des relations banales de pure politesse [2].

Le comte de Caylus, dans sa *Vie de Pierre Mignard* [3], cite aussi Bossuet parmi les grands hommes que Mignard, « admis dans les meilleures maisons de Paris, comme il l'avait été dans celles de Rome », eut occasion de fréquenter assidûment.

En quelle année François de Poilly [4] grava-t-il à son tour, d'après Mignard, son portrait de Bossuet, je n'ai pu le déterminer. Le Cabinet des Estampes possède de ce maître une belle

1. *Journal de Dangeau*, III, (Firmin-Didot, 1854), p. 445. Lundi 24, à Versailles, veille de Noël. Le roi a donné à l'abbé Bossuet, neveu de l'évêque de Meaux, l'abbaye de Savigny, près de Lyon, qui vaut aussi 8 000 livres de rente. — Saint-Martin de Savigny (*Saviniacum*), antique abbaye bénédictine qui remontait au temps de Charlemagne, était située à trois lieues de Lyon, près de la Brévanne. L'abbé Bossuet en demeura commendataire jusqu'en 1704 : « Le roi, écrit Le Dieu, dans son *Journal* du 12 avril, a témoigné bien de la douleur et des regrets de la perte de M. de Meaux, et aussitôt il a donné à M. l'abbé l'abbaye de Saint-Lucien de Beauvais, en rendant celle de Savigny [et non Sauvigny] qu'il a. » Cette coïncidence et la ressemblance des prénoms a fait commettre aux auteurs de la *Gallia Christiana* (t. IV, p. 259) une erreur qui a été reproduite dans H. Fisquet : *la France pontificale*. Lyon, p. 740. L'oncle y est pris pour le neveu et l'abbé de Savigny donné comme évêque de Meaux et mort en 1704.
2. Lachat, t. XXVI, p. 270, s. d.
3. Cette Vie a été insérée par Lépicié dans ses *Vies des premiers peintres du Roi depuis M. Le Brun jusqu'à présent*. Paris, Durand, MDCCLII. 2 vol. in-12. Voir t. I, p. 129.
4. Né à Abbeville en 1622, nommé en 1664 graveur ordinaire du roi, mort en 1693. Son frère Nicolas, né en 1626, fut son élève et mourut trois ans après son aîné, laissant deux fils : Jean-Baptiste, mort en 1728, et François, mort en 1723, qui continuèrent la dynastie des graveurs de ce nom. — Je puis signaler un portrait de Bossuet, gravé aussi par un Abbevillois. C'est un buste pris sur le portrait en pied de Rigaud. Il est de François Dequevauvillers, né à Abbeville en 1745, mort en 1807 (?)

épreuve, mais qui par malheur a été autrefois pliée et en garde les traces. Elle est loin de valoir le superbe exemplaire avant la lettre que j'ai admiré au Musée d'Abbeville, dans la riche collection des graveurs abbevillois[1].

L'œuvre de Mignard, dont j'ignore en somme la date précise, peut fort bien n'être pas antérieure au portrait peint par Nanteuil et gravé par lui-même (1674), portant en exergue autour du médaillon : *Jacobus Benignus Bossuetius Condomensis*, et en signature : *Nanteuil ad vivum faciebat*. On sait que cet habile et fécond graveur[2], dont l'œuvre, suivant l'abbé de Marolles, ne comprendrait pas moins de deux cent quatre-vingts pièces, parmi lesquelles quatorze portraits de princes et quatre-vingt-trois de personnes illustres, excellait à saisir la ressemblance[3]. C'était, nous dit Boileau, l'ambition de tout écrivain, même médiocre, qui livrait à l'imprimeur ses écrits, de se faire

Graver au devant du recueil
Couronné de lauriers par la main de Nanteuil[4].

Bossuet avait une ambition plus haute. Aussi, sauf peut-être le médaillon signé : Madeleine Masson[5], ne rencontre-t-on de lui aucun portrait proprement dit avant 1699.

1. Je n'apprendrai rien à quiconque connaît M. Alcius Ledieu, si je signale ici l'urbanité avec laquelle il fait aux travailleurs et aux curieux les honneurs du Musée et de la Bibliothèque dont il est le zélé conservateur.

2. Robert Nanteuil, né à Reims en 1630, mort à Paris en 1678, serait devenu, d'après Périès (Biographie Michaud), le gendre du fameux Edelinck. Mais les dates rendent douteuse cette affirmation.

3. Ce détail est à noter et à retenir.

4. *Art poétique*, IIe chant, distique final.

5. L'inscription porte en effet : *Jacobus Benignus Bossuet episcopus Meldensis, Serenissimi Delphini præceptor* (sans l'adverbe *antea*). Ce qui n'a jamais été strictement vrai, le préceptorat ayant pris fin réellement, même avant la nomination que le roi fit de Bossuet à l'évêché de Meaux (mai 1681). Il est bien improbable aussi que depuis le 17 novembre 1681, date à laquelle Bossuet fut préconisé (Floquet, *Bossuet précepteur*, p. 581), Bossuet ne se soit point prêté à l'empressement qui l'accueillit dans son nouveau diocèse et ait refusé de laisser prendre son portrait. — Sur l'exemplaire de la gravure de Madeleine Masson, gardé au Cabinet des Estampes, une main a écrit à l'encre, et postérieurement, ce distique curieusement intitulé : *Ad quietistas* et signé : I. Carage.

Augustinum audite : Deum securus amandi
Tum modus est : cum mens hunc amat absque modo.

Madeleine Masson, née en 1666, mourut en 1713.

Mais nous croyons devoir mentionner ici la gravure représentant Bossuet en chaire que signalait naguère le P. Chérot.
Cette chaire est celle de Notre-Dame, et Bossuet y prononce le
10 mars 1687, l'oraison funèbre de Louis de Bourbon, prince de
Condé. D'après la description qu'il en donne, en le comparant à
Bourdaloue dans la chaire de Saint-Louis des Jésuites (26 avril),
faisant l'éloge du même prince, c'est le type de l'ancien portrait
de l'évêque de Condom par Mignard que nous a encore offert
l'artiste : l'évêque de Meaux, « barrette en tête, avec le camail
coupé en sautoir par le large cordon de la croix pectorale, est
serré dans son rochet. Il se présente de face et gesticule avec
animation des deux bras. Son visage, avec la fine moustache et
la mouche, est nettement dessiné comme ses gestes. Quelque
chose de vif et d'animé respire dans l'ensemble [1] ».

Une question se pose aussitôt. Le graveur s'est-il inspiré de la
gravure existante du portrait de Mignard ou de Bossuet pris sur
le vif, en pleine chaire de la métropole d'où il laisse tomber les
« restes d'une voix qui tombe » et d'une ardeur qui, contrairement
à son dire, ne paraît pas s'éteindre ? On conçoit l'importance du
problème. Alors surtout qu'il s'agit d'ériger un monument
nouveau au grand orateur, on ne saurait plus, à une époque
comme la nôtre, se contenter, comme on le fit, il y a quelque
cinquante ans dans la cathédrale de Meaux, d'un Bossuet plus ou
moins conventionnel.

Et dans quelle plus belle circonstance de sa vie évoquerait-on
sa figure d'orateur et d'évêque ?

Un philosophe de ce temps, Foucher de Careil, protestait
contre ce qu'il appelle le « Bossuet idéal et abstrait que les arts
nous ont représenté plus grand que nature, revêtu d'un manteau
d'hermine et planant sur l'invisible auditoire devant lequel il
prononça l'oraison funèbre de Condé [2] ». L'idée de Foucher de

1. *Bourdaloue inconnu*, par le P. Henri Chérot. Paris, Retaux, 1898.
In-8, p. 103.
2. Cette phrase de Foucher de Careil : *OEuvres de Leibniz*, t. II. Intro-
duction, p. xxx, semblerait viser le tableau de Rigaud ou les exagérations
qu'on en a faites. M. Floquet, qui la cite (*Bossuet précepteur*, p. 43, n. 3),
en eût-il voulu tirer une conclusion contre la fidélité du portrait ? On en
peut douter par ce qu'il a écrit ailleurs sur l'œuvre de ce peintre. Il faut
relire en effet (*Études sur la vie de Bossuet*, t. I, p. xii), pour avoir sous les
yeux toutes les pièces du procès, les pages enthousiastes qu'il écrivit à
Fromentin, le 16 novembre 1854, sur le bonheur qu'il a eu de *voir Bossuet,*

Careil est bonne ; malheureusement son exemple va juste à l'encontre de sa thèse. Le vrai Bossuet de l'oraison funèbre du prince de Condé est petit de taille plutôt que grandi, ne porte point de manteau d'hermine et ne semble aucunement planer sur le très visible auditoire dont chaque figure se distingue nettement dans le *Camp de la douleur*[1].

Si ce Bossuet de 1687 est bien vivant et d'après nature, il faut convenir que malgré ses cheveux blancs, le prélat alors âgé de soixante ans était admirablement conservé. Mais il n'en était plus de même quand Rigaud le peignit en 1699. Il avait cette année-là soixante-douze ans. L'artiste le représenta tout autre que nous venons de le voir en 1687.

Suivant l'auteur de la récente Notice sur *le Monument de Bossuet*[2], Rigaud aurait fait, outre le grand tableau actuellement au Louvre, « douze portraits en buste de Bossuet, dont quatre se trouvent encore à Meaux et un autre au palais Pitti, à Florence[3] ». Cependant les *Mémoires inédits des Membres de l'ancienne Académie royale de peinture* (tome II, p. 118) cités par M. Frédéric Villot[4] semblent ne parler que d'un portrait en buste[5]. On y lit en effet : « Quelques années avant (d'avoir

« cette tête majestueuse, rayonnante, telle, a bien peu près, que Rigault (*sic*), en 1701, la sut peindre à Germigny ». Mais n'a-t-il pas été un peu troublé par une émotion bien légitime à cette cérémonie de l'ouverture du cercueil de Bossuet ? Cette même émotion vibre aussi dans la brochure de M. G. Fiston, p. 26 et suiv. (où la date du 9 novembre est donnée, alors que Floquet indique la journée du 14). Le souvenir mortuaire qu'on a gravé, d'après le dessin pris alors, est aussi dans l'album des estampes; mais vraiment on y cherche en vain des éléments pour la solution du problème sur la véritable physionomie de Bossuet.

1. Les belles gravures trop peu connues du *Camp de la douleur*, qui représentent la décoration de Notre-Dame pour le service funèbre du prince de Condé, se trouvent à la Bibliothèque nationale, Estampes, collection Hennin, t. V.

2. Ce serait d'après le tableau conservé au grand séminaire de Meaux que M. Lebarq a fait graver le portrait qui ouvre le troisième volume des *OEuvres oratoires de Bossuet*. Mais, est-ce bien Bossuet à soixante-douze ans, et ne faudrait-il pas admettre que Rigaud a peint Bossuet, évêque de Meaux, bien avant l'année 1699, si l'on accepte le chiffre un peu étonnant de douze portraits donné par M. Fiston ?

3. G. Fiston, *op. cit.*, p. 15, note.

4. Dans son *Catalogue du Musée national du Louvre* (Tableaux de l'École française), 16ᵉ édit., 1889, p. 310.

5. Sans exclure cependant un autre portrait en buste, peint à deux ans de distance du premier.

représenté Bossuet debout), Rigaud l'avait peint en buste. Ce
portrait est à Florence, au cabinet de Mgr le Grand-Duc. » Ce
serait donc bien celui que M. Fiston nous dit être au palais
Pitti[1].

Le tableau de 1699 a été maintes fois reproduit par la gravure.
Bossuet très légèrement tourné vers la droite est vu à peu près
de face : la figure, presque complètement imberbe sauf la petite
mouche, et la moustache à peine visible, est assez placide et
froide. L'air est bon, mais un peu lassé et un peu triste.

Dans un des exemplaires du Cabinet des Estampes sans nom de
graveur, le médaillon est entouré de ce verset de l'Ecclésiastique,
chapitre xxxiv [v. 14] :

*Sapientiam ejus enarrabunt gentes et laudem ejus enuntiabit
Ecclesia.*

Au bas on lit :

> Iacobus Benignus [place des armes] Bossuet
> episcopus Meldensis, comes consistori -
> anus, antea serenissimi Delphini
> Præceptor et primus serenis -
> simæ Ducis Burgundiæ Eleemosynarius.
> *Ætatis anno ineunte 72.*

Le second portrait en buste peint aussi par Rigaud deux ans
après, a servi au frontispice de l'*Oraison funèbre de Bossuet* par
le P. de la Rue. (Édition princeps, in-4, 1704.) Il a été gravé

---

1. Ne serait-il entré dans cette collection qu'après 1862 ? Lavice, dans sa
Revue des musées d'Italie, Paris, Tardieu, 1862, in-12, énumère (p. 58),
sans le signaler, les peintures du palais Pitti. Le passage des *Mémoires inédits*, cité plus haut, rédigé probablement avant 1716, puisqu'il y est encore
parlé de l'*abbé* Bossuet nommé cette année-là à l'évêché de Troyes, indiquerait que le portrait a été transporté de bonne heure à Florence. Il ne
serait pas étonnant que Côme III de Médicis lui-même ait acquis cette peinture après la mort de Bossuet. Ce grand-duc, qui gouverna la Toscane de
1670 à 1723, avait eu en 1695 à se féliciter de ses rapports avec Bossuet.
Aux archives de Seine-et-Marne, on doit trouver, d'après les catalogues,
t. IV, p. 183, *Supplément à la série E* (GG 103, dans un carton contenant
quatorze pièces), des « copies de lettres du marquis de Salviati qui informe
l'évêque Bossuet que le grand duc de Toscane le supplie humblement de
« lui faire avoir de la relique du corps de saint Fiacre, auquel ayant S.A.S.
« beaucoup de dévotion, a fait bâtir en son honneur une chapelle dans une
« des villes de son Etat ». Ces lettres étaient produites par Bossuet pour
triompher de la résistance du corps de ville s'opposant à l'ouverture de la
châsse. *Un procès-verbal authentique, signé de vingt-six personnes*, est
dressé par le dit sieur évêque qui fait savoir à tous « que sur ce que le séré-

par Pitau [1]. Il y en a deux superbes épreuves au Cabinet des Estampes. En voici la description : médaillon orné des attributs épiscopaux, crosse et croix en sautoir ; à la gauche du spectateur, une mitre et un chapeau à glands reposant sur un livre ; à droite, la trompette de la Renommée enveloppée de laurier ; sur un livre fermé, un parchemin à demi déroulé, sur lequel est posée une sphère terrestre avec un livre ouvert. Sous la croix à gauche, des lis et une branche de laurier, à droite un caducée émergeant de roses et de laurier ; le médaillon est encadré de palmes.

Quant au portrait, c'est bien le même qu'avait gravé déjà le chevalier Edelinck [2]. L'âge de Bossuet : *Ætatis anno 74*, en indique la date (1701). Le libraire Rigaud — c'est Ledieu qui nous l'apprend — vendit en 1705 ses droits sur cette gravure à l'abbé Bossuet. On lit dans son Journal : « *Jeudi* 19 novembre 1705 [3], M. l'abbé Bossuet m'a prié de retirer des mains de M. Rigaud, libraire, le portrait de M. de Meaux, gravé par M. le chevalier Edelinck sur le portrait peint par M. Rigaud. Je l'ai obtenu de M. Rigaud pour le prix de 250 francs que l'abbé a

nissime grand duc Cosme troisième l'auroit fait requérir plusieurs fois par ses envoyez, et notamment par M. le marquis de Salviati, avec interposition des offices de Mgr le cardinal Cauallerini, nonce de Sa Sainteté, de lui départir quelques reliques du glorieux confesseur saint Fiacre... sa châsse a été ouverte *et qu'il en a été tiré un os du metacarpe du doigt médius ou de l'index de longueur environ un doigt, fort sain et entier, pour estre envoyé au dict seigneur Grand duc, Cosme troisième...* », etc.

1. Nicolas Pitau, né à Anvers vers 1633, mort à Paris en 1676, d'après Watelet, aurait vécu, suivant Basau, jusqu'en 1724. Son fils, du même nom, a-t-il toujours signé : *Nic. Pitau, junior*, comme on l'a prétendu ? Le frontispice, qui ne porte que la signature *Pitau*, est cependant plutôt l'œuvre de Nicolas le jeune.

2. Gérard Edelinck, né à Anvers en 1649, fut nommé par Louis XIV chevalier de l'ordre de Saint-Michel. Avant d'être élevé à cet honneur, il avait demandé, écrit Ponce dans sa notice, « au roi qui lui témoignait sa satisfaction de l'un de ses ouvrages, la grâce d'être reçu marguillier de sa paroisse, dignité réservée alors aux marchands et aux procureurs ». Il mourut le 2 avril 1707. — Son portrait de Bossuet a été reproduit par les éditeurs de l'*Histoire de la Langue et de la Littérature française*, publiée sous la direction de M. Petit de Julleville (Paris, A. Colin), au t. V, chap. v, après la page 272. Il est donc superflu de le décrire.

3. Ledieu, *Journal...* Édition Guettée, t. III, p. 332. — Grâce au travail de M. l'abbé Ch. Urbain, il sera désormais possible de se servir utilement de l'édition si défectueuse que Guettée avait donnée de l'œuvre de Ledieu. La collation qui vient d'en être faite sur le manuscrit équivaut à une réé-

payés comptant. Et cette belle taille douce est à présent en la
possession de cet abbé qui la veut faire mettre audevant du
premier livre qu'il fera imprimer de feu M. de Meaux [1]. »

II

Mais Rigaud est surtout connu par le portrait en pied qu'il
entreprit aussitôt après son second tableau. Bien que beaucoup
d'auteurs ne datent cette grande peinture que de 1702, il semble
qu'il en faut croire plutôt les Mémoires de l'Académie de peinture. Ces documents, écrits sans doute du vivant de ce peintre,
peu de temps peut-être après l'achèvement de son œuvre, méritent
confiance. On y lisait sur Hyacinthe Rigaud » : « Un des ouvrages
qui lui fit le plus d'honneur est le portrait du docte et célèbre
évêque de Meaux, qu'il a peint en 1699. Le tableau a dix pieds de
hauteur et est large en proportion. La figure de ce prélat est
habillée de ses habits pontificaux, dans un cabinet au milieu de
divers ouvrages qu'il a composés. Le portrait de ce grand homme
est chez son neveu M. l'abbé Bossuet. »

Ledieu, dans ses *Mémoires*, confirme ce témoignage. Il écrit
au 17 novembre 1706 : « L'abbé Bossuet a fait apporter une
grande partie des livres de la bibliothèque de Meaux... Cela fait
un cabinet d'une belle parure, d'autant plus qu'on y doit mettre
le grand portrait de feu M. de Meaux peint de son haut [2]. »

Le tableau venait d'être achevé; car, dit Villot[3], le Catalogue de
l'œuvre gravé de Rigaud nous apprend que la tête seule fut peinte
en 1699, et que l'artiste ne termina le portrait qu'en 1705. Lors-
qu'en 1716, le neveu de Bossuet devint évêque de Troyes, il dut
emporter le tableau. C'est de là, apparemment que cette peinture

dition, et il est impossible, à quiconque veut travailler sur Bossuet, de se
passer de l'opuscule : *l'Abbé Ledieu, historien de Bossuet.* Colin, 1898.
(Extrait de la *Revue d'histoire littéraire de la France*, n°ˢ des 15 octobre 1897
et 15 juillet 1898.)

1. Ce portrait fut mis en effet en tête de *la Politique tirée des propres
Paroles de l'Écriture sainte.* Ouvrage posthume de messire J.-B. Bossuet.
Paris, Pierre Cot, 1709. In-4. Un exemplaire est en vente pour 200 fr., au
dernier Catalogue de la Librairie D. Morgand, n° 45, novembre 1898,
p. 280, n° 33411.

2. Ledieu (édit. Guettée. Paris, Didier, 1859), t. IV, p. 27.

3. *Tableaux de l'École française*, p. 311. *L. c. Mémoires* inédits de l'Académie de peinture, p. 181.

passa dans la collection Crawford. En 1821[1] elle fut acquise par le Musée du Louvre pour la somme de 5 000 francs.

Tout le monde connaît, sinon *de visu*, au moins par quelque gravure, la composition un peu fastueuse de Rigaud ; mais il n'est pas inutile de transcrire ici, pour donner une idée de la couleur et de la pose, quelques extraits du Catalogue des Tableaux de l'École française :

La robe de dessous est de moire bleue, celle de dessus de mousseline blanche, ornée de dentelle, le manteau garni de cygne est également bleu et doublé de rouge. Le prélat tient de la main droite son bonnet de docteur, et s'appuie de la gauche sur un livre posé sur une table où l'on voit un encrier, des papiers et divers volumes. D'autres papiers et d'autres livres sont à terre au pied de la table, à droite. Dans le fond, entre deux colonnes, un rideau relevé qui laisse apercevoir le ciel.

La manière adoptée par Rigaud exigeait des graveurs de véritables prodiges qui profitèrent du reste au progrès de leur art.

Rigaud, peintre de portraits, écrit Ponce dans une notice sur Drevet père, avait changé la marche de ce genre. Les peintres de portraits qui l'avaient précédé, avaient en général sacrifié tous les accessoires, même les draperies, pour faire briller les têtes. Lui au contraire voulut tout faire briller et enrichir de draperies superflues les différents costumes qu'il avait à traiter, et de détails les meubles, les fonds et les divers accessoires. Cette nouvelle marche nécessitait aussi de la part du graveur de nouveaux efforts pour rendre sans confusion et d'une manière claire et précise une multitude d'objets aisés à distinguer dans la peinture par la variété des couleurs, mais bien plus difficiles à distinguer dans la gravure avec les seuls moyens que cet art puisse employer, le noir et le blanc.

Les difficultés semblaient donc accumulées comme à plaisir dans le portrait de Bossuet. Pierre Drevet fils, âgé de vingt-six ans, non seulement en triompha, mais fit de sa gravure un chef-d'œuvre, on a même dit le chef-d'œuvre de la gravure. Aussi les amateurs sont-ils intarissables sur le mérite de cet ouvrage, et leur enthousiasme est bien justifié lorsque l'on compare une épreuve d'un bon tirage avec un exemplaire médiocre. On a fait à dessein ce rapprochement dans l'album du Cabinet des Estampes, et ce contraste fait ressortir, aux yeux les moins exercés, le mérite et

1. Et non pas 1851, comme on lit dans la Notice de M. Fiston, p. 5. Le tableau fait partie de la collection de Louis XVIII.

le fini incomparable de l'œuvre magistrale de Drevet. Il est peu nécessaire de citer sur ce sujet une notice inédite, mais d'ailleurs fort peu originale, qu'un anonyme a jointe aux manuscrits autographes de Bossuet légués à la bibliothèque communale de Lille par M. Dubrunfaut[1].

Cet essai sur les principaux portraits de Bossuet n'est point écrit de la main du fameux collectionneur. Peut-être se trouvait-il déjà dans le recueil quand il l'acquit à la vente Solar en 1861. Mais il ne contient rien que l'auteur anonyme n'ait pris sans doute dans la *biographie Michaud* ou tout autre dictionnaire analogue. Tout ce qu'il dit se trouve, avec plus d'autorité, dans les livres qui ont servi de sources aux auteurs de ces biographies[2]. Il y a aussi des erreurs.

Il est très exact, et Joubert l'avait signalé, que les premières épreuves de Drevet se reconnaissent « à ce que dans la légende qui indique que le portrait a été gravé par les soins de l'évêque de Troyes, neveu de Bossuet, il y a *Trecenses* pour Trecensis, *Constorianus* pour Consistorianus », etc.

Mais il l'est moins qu'on n'en connaisse pas d'exemplaire avant la lettre ; car on voit à la Bibliothèque nationale, salle d'exposition, n° 224, Bossuet, d'après Rigaud, par Pierre-Imbert Drevet (1697-1739). (Burin.) Épreuve probablement unique, antérieure aux épreuves dites de premier état. Don de M. His de la Salle. 1846.

L'assertion est en outre contredite par Duchesne[3] dans la description duquel on lit au numéro 247 : « Drevet, d'après Rigaud; épreuve avant les dates de naissance et de mort de Bossuet — autre avec les dates, acquise 550 francs en 1817. »

On connaît aussi universellement ce que dit la notice manuscrite sur le moyen de distinguer les divers tirages de Drevet : un

---

1. Voir *Études* du 5 mai 1898, p. 355. — Pour la date de la mort de Dubrunfaut, lire 7 octobre 1881, et non 9 octobre, comme le disait le *Poly-biblion*. Novembre 1881, p. 441.

2. Voir notamment Joubert, *Manuel de l'Amateur d'estampes*, 1821, p. 116, article Drevet. — Lévesque, *Dictionnaire des Arts*, par Watelet et Levesque, 1791 ; article *graveurs*.

3. Duchesne, *Description des Estampes exposées dans la galerie de la Bibliothèque impériale*, 4° édit., 1855, p. 131, n° 247 ; — et la nouvelle *Notice* des objets exposés à la Bibliothèque nationale, 1881. *Estampes*, p. 8, n° 224.

point placé après *H. Rigaud pinxit ;* de sorte que le premier tirage
est sans point, le second se marque par un point, le troisième en
compte deux, le quatrième s'écrirait : *H. Rigaud pinxit...* Il a
raison aussi de signaler la supercherie qui consiste à gratter un
ou deux points pour essayer de donner plus de valeur vénale à un
exemplaire.

Mais comme les divers renseignements de ce genre n'apprendraient rien aux amateurs, j'aime mieux ne cueillir dans la notice
manuscrite que les deux ou trois détails topiques qui pourraient
mettre les chercheurs sur la voie d'une nouvelle découverte.

Ce ne sont pas des copies de ce bel ouvrage, écrit notre anonyme
en parlant du portrait en pied peint par Rigaud, mais des premiers
portraits de Bossuet qui se répandirent; car des personnes de tout
rang, des souverains même avaient tenu à avoir l'effigie du plus illustre
membre de l'épiscopat français, d'un homme qui tenait le premier
rang dans le sacerdoce catholique. Voir *Lettres de Bossuet, et celle ci-
joint du 12 mai 1698.*

Cette dernière référence, outre qu'elle signale dans le recueil
Dubrunfaut, un autographe aujourd'hui disparu [1], indique aussi
les sources où il faudrait chercher des détails sur les portraits
de Bossuet répandus de son vivant. Il serait intéressant de surprendre dans la Correspondance du dix-septième siècle les traces
de cet empressement universel à se procurer le portrait de
l'évêque de Meaux.

III

Le nom de Drevet ne doit pas éclipser tous les autres. Il est
impossible, cependant, de suivre l'interminable défilé des graveurs plus ou moins heureux ou habiles, qui se sont essayés à

---

1. Il n'y a point, d'ailleurs, dans les *OEuvres de Bossuet,* de lettre portant
cette date. S'agirait-il d'une lettre inédite ou, plus probablement, de la lettre
autographe de Ledieu, annoncée sur le feuillet de garde du manuscrit de
Lille ? Cf. *Études,* 5 mai 1898, p. 355, note 2. Je saisis cette occasion de
corriger et compléter cette note concernant les renseignements écrits au
crayon sur le feuillet de garde que MM. les employés des archives m'ont
aidé à mieux déchiffrer. Il fallait lire :

« 1 m[anuscrit] a[utographe]

15 a[utographes] s[ignés] dont 14 à Mme Albert de Luynes.

+ (plus) L[ettre] a[utographe] de Le Dieu. »

Cette lettre autographe de Ledieu, absente maintenant du manuscrit,
serait-elle du 12 mai 1698, et parlerait-elle du portrait en question ? Pure

reproduire les différents portraits peints par Rigaud. Car il faut
reconnaître que Rigaud a eu la préférence dans tout le dix-
huitième siècle et jusque dans le nôtre. C'est de son portrait en
pied que se sont inspirés surtout les maîtres du burin.

Peu, cependant, l'ont reproduit tout entier ; parmi ceux-ci, il
faut signaler J.-B. Gratcloup [1] dont l'épreuve, au burin mélangé
de la manière noire — c'est le procédé appelé aussi *mezzotinto* —
a été remarquée entre toutes. Mais la plupart ont pris dans le
grand portrait le buste qu'ils voulaient graver. Comment les énumérer tous ? « Ils sont trop ! » Mais aussi, à part quelques noms
qui mériteraient d'être tirés de la foule, que d'illustres inconnus,
devant lesquels le plus indulgent *cicerone* doit dire à ceux qu'il
conduit, comme Virgile à Dante : « Regarde et passe. »

Aussi, dans cette multitude de gravures, les seules qui aient
quelque chance de nous arrêter, ne sont guère — chose triste à
penser — que les exemplaires remarquables par leur bizarrerie.

Il n'y aurait, pour suivre encore à peu près l'ordre des dates,
rien de bien grave à reprendre dans le portrait, assez insigni-
fiant, de *M. J. B. Bossuet*, cy devant précepteur de Monseigneur
le Dauphin. *E. Desrochers sculpsit et excudit* 1699 [2]. Il a été
publié rue Saint-Jacques, près les Mathurins, avec ce quatrain
digne de la gravure :

> Ce prélat est zélé, sage, docte éloquent :
> L'Église trouve en luy son rempart le plus ferme,
>   Enfin son mérite est si grand
> Qu'il n'est point de vertu que son nom ne renferme.

Bossuet vivait encore quand les éditeurs du temps brûlaient

hypothèse, mais le possesseur actuel de cette pièce peut seul nous ren-
seigner. — Qu'est devenue aussi la quatorzième lettre à Mme d'Albert ? car
le recueil de Lille ne compte en ce moment que quatorze lettres en tout,
y compris celle à M. de Saint-André, curé de Vareddes. (Cf. *Études* du
5 juin.) Une description de son manuscrit, de la main de M. Dubrunfaut, et
envoyée à Lille peu de temps avant sa mort, accuse aussi des pièces qu'on
n'y trouva plus à l'heure où se fit le catalogue : elle indique quinze lettres
autographes signées à Mme Albert de Luyne (*sic*), *plus deux* manuscrits
autographes, plus une note autographe de l'abbé Dieu (*sic*), secrétaire de
Bossuet. Où tout cela est-il passé ? Qui répondra ?

1. Né en 1735, mort en 1815.

2. Etienne Jehandier Desrochers, né, dit Le Blanc (t. II, p. 120), en 1695,
mort en 1741. La première date, évidemment erronée, n'est pas compatible

cet encens grossier en son honneur et surtout au profit de la vente de ses ouvrages imprimés ou débités par eux.

C'est aussi pour être mis en tête de quelque livre que le portrait de Bossuet figure au milieu d'un frontispice, fausse Renaissance, parmi des groupes d'anges potelés, et au-dessus de cette inscription assez tudesque :

« M l' EUFQ de Meaux (*sic*) se vend à Paris chez Crespy rue St Jacques devant la Butte de la Poste. S. d. »

En vue d'une édition, allemande très probablement, de l'*Exposition de la doctrine catholique*, J. C. Mayr fit imprimer à Lindau un nouveau portrait de Bossuet où l'on ne trouve de supportable que le choix d'un verset du chapitre XLV d'Isaïe appliqué avec une nuance d'emphase à Bossuet controversiste :

Confusi sunt et erubuerunt omnes coram eo sicut abierunt in confusionem fabricatores errorum.

Ce fut aussi sans doute pour une traduction allemande d'un ouvrage de Bossuet, qu'un certain E. Ponicke grava cette épreuve au-dessous de laquelle on a imprimé, avec un sérieux digne d'un plus heureux succès :

JACOB BENIGNUS BOSSUET

archevêque de Meaun

Lithographie Fricke. S. d.

Toutes ces entreprises de librairie laissent de côté sans remords les préoccupations d'art et de ressemblance. Ces questions n'arrêteront guère non plus les collections ou galeries de portraits plus ou moins inspirées par l'esprit de système ou les mesquineries de secte.

Que pouvait bien être, car je n'en puis parler que sur un titre de son Catalogue manuscrit, la série que Dubrunfaut décrivait ainsi en 1881 comme appartenant à sa collection :

« Hôtel Rambouillet, dont Julie d'Angennes était la reine. Groupe de portraits des grandes illustrations habituées de cet hôtel, et parmi lesquelles on comptait Corneille, Bossuet, le grand Condé, Sarrazin, Voiture, etc. »

avec les dates de 1699, 1700, etc., que portent, d'après Le Blanc lui-même, plusieurs des publications de ce graveur-éditeur. Hœfer, dans la *Biographie universelle*, est plus réservé et plus vague. Il se contente de dire : né au milieu du dix-septième siècle.

Bossuet gravé parmi les habitués de l'hôtel de Rambouillet pour y avoir prêché une fois, et l'on sait à quel âge! ô manie des groupements ingénieux!

Ce fut encore une série assez disparate que la grande collection où, suivant la *Biographie universelle* de Didot[1] durent paraître sept cents portraits in-8, accompagnés de vers français. Desrochers (Étienne Jehandier), que nous retrouvons ici dans son rôle d'éditeur avide de tourner du côté d'où vient le vent l'aile de son moulin, se chargeait de la gravure, et les inscriptions rimées sont dues d'ordinaire à Gacon. Le satirique, qui avait jadis attaqué Bossuet, ou bien n'a point fait les vers mis au bas du portrait de celui-ci, ou bien aura changé à son égard d'allure et de langage. Dans les cent quarante-six sujets indiqués par Le Blanc[2], Bossuet occupe le numéro 18; on rencontre aussi, outre tous les grands personnages, hommes ou femmes du parti janséniste, quelques portraits de Jésuites. Sont-ils là pour faire ombre et repoussoir, et serait-ce ce hardi entrepreneur de portraits que, suivant certaine légende, les Jansénistes auraient payé pour prêter ou... laisser aux Jésuites des visages très laids? Les fonds de la *boîte à Perrette* ont dû être employés à des besognes plus utiles.

En tout cas, il faut voir probablement un simple extrait de cette vaste galerie dans le carnet janséniste, datant de 1740 environ, intitulé : *Collection des portraits illustres de Port-Royal et autres*, etc[3]. Dans cet album que possédait M. le comte Yvert, parmi les quarante-six portraits « figurent aux numéros 15 et 16 : maître Jacques-Bénigne Bossuet, évesque de Troyes, et maître Jacques-Benigne Bossuet, évêque de Meaux ».

Il faut signaler aussi, dans une série de gravures intitulée : *les Illustres Français*, publiée par N. Ponce, avec gravures d'après les

---

1. Article Desrochers (Étienne Jehandier).

2. Tome II, p. 120.

3. Le titre complet est fort long : *Collection*, etc..., *de Port Royal et autres, gravés par de célèbres artistes, avec tablettes économiques*, etc..., *et quatre vues de l'abbaye de P. R. des Champs.* — M. le chanoine Davin, dans sa brochure : *Bossuet, Port-Royal et la Franc-Maçonnerie*, p. 68, note : « Parmi quarante-six portraits, dont quarante-deux de jansénistes. et à la fin, deux de Molina et d'Escobar, par contraste et comme représentant la Compagnie de Jésus, figurent aux numéros 15 et 16, etc... »

dessins de Marillier et notices, 1790-1816, le curieux portrait
de Bossuet. Il est loin d'être une œuvre d'art, mais vaudrait une
description à cause de l'*esprit* qu'il indique. L'ensemble de la
gravure est une sorte de frontispice carré, surmontant une assez
longue et bizarre notice. Bossuet, sacrifié aux accessoires, n'y
est représenté que par un médaillon, en profil de gauche, sans
aucun des caractères connus, énorme tête carrée que personne
ne songerait à lui attribuer. L'artiste a voulu donner à son héros
un grand front proéminent couronné d'une abondante chevelure.
Mais le portrait n'est pas la partie intéressante de la gravure.
J'omets les attributs qui entourent le médaillon, appliqué sur une
large colonne : une trompette et des lauriers croisant une crosse
etc., pour arriver aux nombreux cartouches soulignés par des
légendes qui donnent à cette composition sa physionomie *sui
generis*.

1° A gauche du spectateur, sous le titre : Éducation de Mgr le
Dauphin, on voit Bossuet, assis dans une vaste bibliothèque dé-
corée d'un buste antique, d'une sphère, de plans étalés sur une
table ; le Dauphin se tient debout devant une carte déroulée
sur les genoux de Bossuet ; deux personnages l'un assis, l'autre
debout assistent à cette leçon. Le volume de l'*Histoire universelle*,
dont le titre est écrit sur la tranche, repose au-dessous de ce premier cartouche. Au-dessous du médaillon de Bossuet, et par suite
au milieu de la gravure, est un aigle aux ailes éployées, tenant
dans ses serres une banderole avec l'inscription : *O nuit désas-
treuse, ô nuit effroyable*, etc... *Madame est morte.*

Il se trouve surmonter ainsi un cartouche central où l'on voit
Bossuet en chaire à Notre-Dame : au fond l'autel, derrière
le catafalque, encadré par deux vastes torchères ; au premier
plan les auditeurs écoutent, assis, l'oraison funèbre prononcée
par Bossuet. A la droite du spectateur, une autre scène fait le
pendant du cartouche de gauche, Bossuet évêque, assis dans une
chaumière, bénit et catéchise les petits enfants ; à droite un lit à
baldaquin, à gauche une échelle menant à une sorte de soupente ;
la famille toute confuse se presse autour de l'évêque. Comme
inscription, ces mots : *Il instruit les pauvres et il les console.*
Deux volumes dressés à droite de la colonne centrale montrent
sur leur tranche les titres *Catéchisme et prières, Conférences*, etc.

Sous un angle formé par les *Oraisons funèbres*, s'appuyant en diagonale sur ces deux volumes, un *encrier* est posé sur une banderole qui se déroule avec ces mots : *Il y a de grands exemples pour les spectacles et de fortes raisons contre.* Et un peu plus bas, sur un second parchemin, débordant au-dessous : *Les bayonnettes* (sic) *ne sont pas des instruments de conversion.* Ces mots servent ainsi d'inscription au cartouche inférieur de droite qui représente, au-dessous, Bossuet, en face de Louis XIV debout devant lui avec sa canne, au moment sans doute où il est censé dire au roi les paroles inscrites au bas du cartouche :

Ne craignez-vous pas, Sire, que toute la route des évêques d'Alais (*sic*) et de Pamiers du fond du Languedoc jusqu'à Versailles ne soit bordée d'un peuple immense qui demandera leur bénédiction à genoux ?

Le cartouche opposé rappelle une légende plus gracieuse et trop peu connue qui vaut bien celle de Boileau et de son jardinier d'Auteuil. Bossuet entend les plaintes de l'*Antoine* de Germigny, désolé de voir son maître, toujours absorbé par ses lectures, faire si peu de cas de ses plants de jacinthes ou des soins prodigués aux arbres du parc.

« *Si je plantois,* dit l'exergue, *des saint Augustin et des saint Chrysostome, vous les viendriez voir; mais pour vos arbres vous ne vous en souciez guère.* »

L'ensemble de ces différentes scènes est d'un aspect assez lourd et offre un frontispice assez déplaisant[1]. Une notice à la fois sèche et déclamatoire, signée : A. F. D. R., occupe tout le bas de la page. On y lit, par exemple :

Louis XIV qui se connaissait en hommes lui confia l'éducation du Dauphin. Bossuet... composa pour son illustre élève plusieurs bons ouvrages, parmi lesquels on distingue le *Discours sur l'Histoire universelle,* chef-d'œuvre d'éloquence et de précision. L'évêché de Meaux fut la récompense des soins de Bossuet. L'affaire du Quiétisme vint troubler les jours de cet illustre prélat. Lié de la plus étroite amitié avec Fénelon... son cœur saigna longtemps du sacrifice qu'il fit à la religion dans cette circonstance, mais la religion l'ordonnait. Bossuet dénonça le livre de son ami...

On voit d'ici le ton et la valeur historique de l'œuvre. Quant à son mérite, au point de vue de l'art, il est facile d'en juger.

1. La composition est signée : C. P. Marillier del. N. Ponce sculpsit. — Clément-Pierre Marillier, 1740-1808; Nicolas Ponce, 1746-1831.

Que l'inspiration philosophique ou janséniste des *dessins* et des *légendes* travestisse à son gré l'attitude et les sentiments de Bossuet, cela n'est pas douteux. Mais la collection devait être moins une œuvre de parti qu'une entreprise commerciale et, à ce titre, elle ouvrait la voie, en ce siècle, à la multitude des *lithographies* assez malheureuses [1] qui popularisaient, à leur manière, les traits de Bossuet, sous un aspect nouveau en somme, et très convenu. C'est un type bien artificiel qu'ont réussi à introduire les artistes, non sans mérite d'ailleurs, qui dessinèrent, sur nouveaux frais, un Bossuet trop souvent imaginaire.

Il existe au grand séminaire de Meaux un tableau qui porte à bon droit le surnom de Bossuet de *fantaisie*. Les portraits de ce genre sont malaisés à énumérer, ils sont légion et ne se ressemblent pas entre eux [2].

Les platitudes lithographiées à profusion ont dû contribuer à faire admettre les nouveautés des artistes de talent, quelle que fût la différence du type qu'ils nous présentaient avec celui qu'avait consacré, en somme, le dix-septième siècle [3].

I V

Une conclusion s'impose, trop peu affirmative pour oser décider sur la ressemblance de Bossuet, si diversement représenté de son vivant, par des artistes de premier ordre, mais autorisée peut-être à nous apprendre pourquoi et comment, dans la suite, la physionomie de Bossuet s'est modifiée sous le pinceau

1. Signalons, parmi la multitude des lithographies qu'il faut feuilleter dans l'album n° 2 du Cabinet des Estampes, celle de la *Collection des gloires du clergé*, 8ᵉ livraison, dessin de Perrot, ou encore la lithographie en vente au bureau de la Propagation des Bonnes Images, rue du Doyenné, s. n. d'a. et s. d. C'est le convenu dans sa fleur, et cela suffirait à justifier les colères de *Durtal* contre un certain art religieux moderne.

2. On peut signaler dans ce genre une gravure assez répandue de Mlle E. Desclomesnil.

3. Sans nier le mérite artistique des portraits dus à Desrais, Hopwood, Dessenne, Deveria et bien d'autres, il est difficile de ne pas constater que le Bossuet créé par eux s'éloigne progressivement du type qu'ils prétendaient reproduire. On peut signaler comme une composition de valeur, bien adaptée à son cadre si vaste et si difficile à satisfaire, la statue que M. Guillaume a sculptée pour la pelouse de Chantilly. Mais il est impossible de tenir compte, soit comme œuvre d'art, soit comme ressemblance, du buste conservé avec celui de Fénelon dans le pavillon en rocailles des

des copistes, interprètes rarement fidèles des œuvres du passé. Quelles que soient, en effet, les divergences entre les portraits peints par Mignard, par Nanteuil et par Rigaud, bien des traits y demeurent les mêmes, et les autres s'expliquent par la diversité de l'âge du modèle ou de l'attitude qu'il a prise. Mais entre les portraits contemporains de Bossuet et les compositions plus récentes, la distance est si grande que la complaisance la plus extrême ne la peut franchir ni combler. D'où ont pu venir des créations à ce point différentes ? La fantaisie qui aurait pu imaginer un type si éloigné de l'ancien n'eût pu le faire accueillir de prime saut. Il a fallu des transitions, et si elles ont existé, elles doivent pouvoir être découvertes. C'est ici que les albums du Cabinet des Estampes me semblent offrir, dans une certaine mesure, aux hommes du métier, les données du problème et les éléments nécessaires à la solution.

Je ne sais s'ils ne permettent pas de rétablir la filière de cette déformation croissante du texte primitif. Peut-être serait-ce Hyacinthe Rigaud qui, dans son portrait en pied où le visage a été quelque peu sacrifié aux draperies, aurait fourni les premiers linéaments du type nouveau. C'est de cette figure, majestueuse à l'excès que semblent dériver les créations des Hopwood et des Deveria. Ceux-ci ont fait accepter insensiblement un Bossuet nouveau, d'une antiquité factice, dont le costume, le port et les traits eux-mêmes ont je ne sais quoi de faux classique et de convenu. Leurs œuvres ont fixé cet idéal un peu vague que chacun se forgeait d'après ses souvenirs des *Oraisons funèbres*, mais en le composant cependant à l'aide des éléments tout modernes pris dans les figures contemporaines. De là cet aspect renouvelé de la physionomie de Bossuet, mais ne répondant plus guère à rien de réel. On pourrait, étape par étape, remonter au point de départ

conférences du Quiétisme au parc d'Issy, ni d'un autre plâtre qui décore la bibliothèque du grand séminaire de Meaux. Un peu théâtral et d'un modelé assez vulgaire, il n'a d'heureux que l'inscription gravée sur le socle, au-dessus d'une aigle aux ailes éployées : *Elevabitur aquila et in arduis ponet nidum suum.* (Job, xxxix, 27.) Il suffit aussi de mentionner la statue de marbre (Bossuet assis et enseignant) qu'on trouve en entrant dans la nef de droite de la cathédrale de Meaux. Elevée en 1820, elle porte cette inscription : Jacobo.Benigno.Bossuet — Meldensium . Præsuli . | Hoc . | Monumentum . | Dedicavit. Meldensis . Civitas . | Atque . Propitio . Rege. | Et . Famulantibus . Vicinarum . Urbium. | Magistratibus. Et Populis . | Posuit . | Grata . Et . Mirans. | Anno . R . S . mdcccxx.

si l'on avait sous les yeux tous les intermédiaires, et l'on y retrouverait sans doute la tête un peu altière du grand tableau de Rigaud, tant de fois reproduite par les graveurs du dix-huitième siècle. C'est donc de là que se sont plus ou moins directement inspirés les auteurs de ce Bossuet *modernisé*, légèrement solennel et d'une simplicité affectée, qu'on rencontrait naguère en tête de toutes les éditions des œuvres complètes. Lebarq a eu le bon goût — encore que l'exécution n'ait pas répondu à ce qu'on pouvait souhaiter — de choisir pour les divers volumes des *Œuvres oratoires* des portraits empruntés au dix-septième siècle.

C'est en effet dans les chefs-d'œuvre des Mignard, des Rigaud ou des Nanteuil que nous pouvons espérer ressaisir une physionomie qu'ils ont pu à loisir étudier et rendre. Mettons à part dans leurs œuvres l'apprêt et le convenu, qui auraient, dit-on, guindé l'attitude ou solennisé à l'excès le port de tête, ils ont dû cependant peindre en somme l'ensemble des traits. C'est donc surtout chez ceux qui ont vécu près de lui et de son temps que l'iconographie — le bon sens suffirait à l'indiquer — aura le plus de chance de retrouver la physionomie exacte et le portrait véritable de Bossuet.

FIN

13

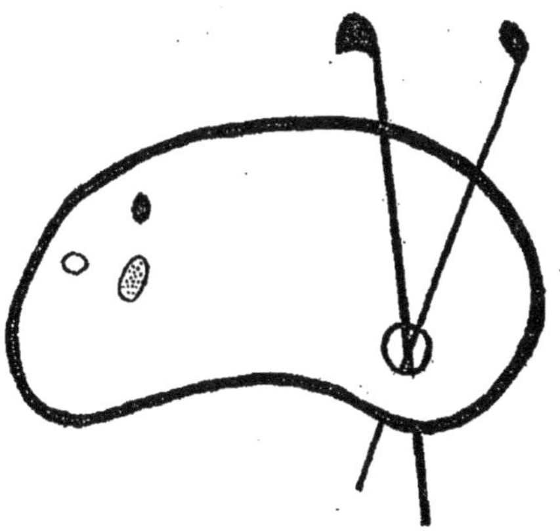

ORIGINAL EN COULEUR
NF Z 43-120-8